Cambridge Latin Co
SECOND EDITION

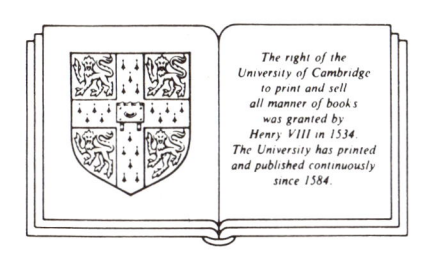

Unit IIA

CAMBRIDGE UNIVERSITY PRESS

Cambridge
New York   New Rochelle
Melbourne   Sydney

Published by the Press Syndicate of the University of Cambridge
The Pitt Building, Trumpington Street, Cambridge CB2 1RP
32 East 57th Street, New York, NY 10022, USA
10 Stamford Road, Oakleigh, Melbourne 3166, Australia

© SCDC Publications 1971, 1982

This book, an outcome of work jointly commissioned by the Schools Council before its closure and the Cambridge School Classics Project, is published under the aegis of the School Curriculum Development Committee, Newcombe House, 45 Notting Hill Gate, London W11 3JB.

First published 1971
Tenth printing 1981
Second edition 1982
Ninth printing 1988

Printed in Great Britain at the
University Press, Cambridge

Library of Congress catalogue card number: 82-9417

ISBN 0 521 28743 X

DS

Thanks are due to the following for permission to reproduce photographs: University of London, The Warburg Institute p. 9; Cambridge University Collection, copyright reserved p. 16; The Trustees of the British Museum p. 18; Faculty of Archaeology and Anthropology, Cambridge p. 7; Musei Capitolini, Rome p. 38; Crown copyright – reproduced with permission of the Controller of Her Majesty's Stationery Office p. 40; Sussex Archaeological Society pp. 65, 69, 71; Bernisches Historisches Museum p. 67.

Drawings by Joy Mellor and Leslie Jones

Map by Liz Knox

Contents

Stage 13 in Britanniā page 1
Stage 14 apud Salvium 21
Stage 15 rēx Cogidubnus 43
Stage 16 in aulā 61

Stage 13

in Britanniā

Stage 13

hic vir est Gāius Salvius
Līberālis.
Salvius in vīllā
magnificā habitat.
vīlla est in Britanniā.
Salvius multōs servōs
habet.

uxor est Rūfilla.
Rūfilla multās ancillās
habet.
ancillae in vīllā
labōrant.

hic servus est Vārica.
Vārica est vīlicus.
vīllam et servōs cūrat.

Stage 13

hic servus est Philus.
Philus callidus est.
Philus numerāre potest.

hic servus est Volūbilis.
Volūbilis coquus
optimus est.
Volūbilis cēnam
optimam coquere potest.

hic servus est Bregāns.
Bregāns nōn callidus
est. Bregāns numerāre
nōn potest.
Bregāns fessus est.
Bregāns dormīre vult.

3

Stage 13

hic servus est Loquāx.
Loquāx vōcem suāvem
habet.
Loquāx suāviter cantāre
potest.

hic servus est Anti-
Loquāx.
Anti-Loquāx agilis est.
Anti-Loquāx optimē
saltāre potest.
Loquāx et Anti-Loquāx
sunt geminī.

Salvius multōs servōs
habet. servī labōrant.
servī ignāvī et fessī sunt.
servī labōrāre nōlunt.

Stage 13

trēs servī

trēs servī in vīllā labōrant. haec vīlla est in Britanniā. servī dīligenter labōrant, quod dominum exspectant. servī vītam suam dēplōrant.
Philus: (*pecūniam numerat.*) iterum pluit! semper pluit! nōs sōlem numquam vidēmus. ego ad Ītaliam redīre volō. ego sōlem vidēre volō. 5
Volūbilis: (*cēnam in culīnā parat.*) ubi est vīnum? nūllum vīnum videō. quis hausit? ego aquam bibere nōn possum! aqua est foeda!
Bregāns: (*pavīmentum lavat.*) ego labōrāre nōlō! fessus sum. multum vīnum bibī. ego dormīre volō. 10
(*Vārica subitō vīllam intrat. Vārica est vīlicus.*)
Vārica: servī! dominus noster īrātus advenit! apud Canticōs servī coniūrātiōnem fēcērunt. dominus est vulnerātus.
Bregāns: nōs dē hāc coniūrātiōne audīre volumus. rem nārrā!

Britanniā: Britannia *Britain*
dēplōrant: dēplōrāre *complain about*
pluit *it is raining*
sōlem: sōl *sun*
Ītaliam: Ītalia *Italy*
redīre volō *I want to return*
aquam: aqua *water*
bibere nōn possum *I cannot drink*
foeda *foul, horrible*
pavīmentum *floor*
lavat: lavāre *wash*
labōrāre nōlō *I do not want to work*
fessus *tired*
advenit: advenīre *arrive*
apud Canticōs *among the Cantici*
coniūrātiōnem: coniūrātiō *plot*
vulnerātus *wounded*

5

Stage 13

coniūrātiō

Vārica rem nārrāvit:
 'nōs apud Canticōs erāmus, quod Salvius metallum novum vīsitābat. hospes erat Pompēius Optātus, vir benignus. in metallō labōrābant multī servī. quamquam servī multum ferrum ē terrā effodiēbant, Salvius nōn erat contentus. Salvius servōs ad sē vocāvit et īnspexit. ūnus servus aeger erat. Salvius servum aegrum ē turbā trāxit et clāmāvit,
 "servus aeger est inūtilis. ego servōs inūtilēs retinēre nōlō."
postquam hoc dīxit, Salvius carnificibus servum trādidit. carnificēs eum statim interfēcērunt.
 hic servus tamen fīlium habēbat; nōmen erat Alātor. Alātor patrem suum vindicāre voluit. itaque, ubi cēterī dormiēbant, Alātor pugiōnem cēpit. postquam custōdēs ēlūsit, cubiculum intrāvit. in hōc cubiculō Salvius dormiēbat. tum Alātor dominum nostrum petīvit et vulnerāvit. dominus noster erat perterritus; manūs ad servum extendit et veniam petīvit. custōdēs tamen sonōs audīvērunt. in cubiculum ruērunt et Alātōrem interfēcērunt. tum Salvius saeviēbat. statim Pompēium excitāvit et īrātus clāmāvit,
 "servus mē vulnerāvit! coniūrātiō est! omnēs servī sunt cōnsciī. ego omnibus supplicium poscō!"
 Pompēius, postquam hoc audīvit, erat attonitus.
 "ego omnēs servōs interficere nōn possum. ūnus tē vulnerāvit. ūnus igitur est nocēns, cēterī innocentēs."
 "custōdēs nōn sunt innocentēs", inquit Salvius. "cum Alātōre coniūrābant."
 Pompēius invītus cōnsēnsit et carnificibus omnēs custōdēs trādidit.'

metallum *a mine*
hospes *host*
quamquam *although*
ferrum *iron*
effodiēbant: effodere *dig*
inūtilis *useless*
carnificibus: carnifex *executioner*
nōmen *name*
vindicāre voluit *wanted to avenge*
itaque *and so*
ubi *when*
cēterī *the others*
pugiōnem: pugiō *dagger*

custōdēs: custōs *guard*
ēlūsit: ēlūdere *slip past*
manūs ... extendit *stretched out his hands*
veniam petīvit *begged for mercy*
saeviēbat: saevīre *be in a rage*
cōnsciī: cōnscius *accomplice*
supplicium *death penalty*
poscō: poscere *demand*
nocēns *guilty*
innocentēs: innocēns *innocent*
coniūrābant: coniūrāre *plot*
invītus *unwilling, reluctant*

nolo - not want
volo - want

Slave-chain

Stage 13

When you have read this story, answer the questions at the end.

Bregāns

tum Vārica, postquam hanc rem nārrāvit, clāmāvit,
  'Loquāx! Anti-Loquāx! dominus advenit. vocāte servōs in āream!
ego eōs īnspicere volō.'
  servī ad āream celeriter cucurrērunt, quod Salvium timēbant.
servī in ōrdinēs longōs sē īnstrūxērunt. vīlicus per ōrdinēs 5
ambulābat; servōs īnspiciēbat et numerābat. subitō exclāmāvit,
  'ubi sunt ancillae? nūllās ancillās videō.'
  'ancillae dominō nostrō cubiculum parant', respondit Loquāx.
  'ubi est Volūbilis noster?' inquit Vārica. 'ego Volūbilem vidēre
nōn possum.'   10
  'Volūbilis venīre nōn potest, quod cēnam parat', respondit Anti-
Loquāx.
  Bregāns in mediīs servīs stābat; canem ingentem sēcum habēbat.
  'rēx Cogidubnus dominō nostrō hunc canem mīsit', inquit
Bregāns. 'canis ferōcissimus est; bēstiās optimē agitāre potest.' 15
  subitō vīgintī equitēs āream intrāvērunt. prīmus erat Salvius.
postquam ex equō dēscendit, Vāricam salūtāvit.
  'servōs īnspicere volō', inquit Salvius. tum Salvius et Vārica per
ōrdinēs ambulābant.
  puerī puellaeque in prīmō ōrdine stābant et dominum suum 20
salūtābant. cum puerīs stābant geminī.
  'salvē, domine!' inquit Loquāx.
  'salvē, domine!' inquit Anti-Loquāx.
  Bregāns, simulac Salvium vīdit, 'domine! domine!' clāmāvit.
Salvius servō nihil respondit. Bregāns iterum clāmāvit,   25
  'Salvī! Salvī! spectā canem!'
  Salvius saeviēbat, quod servus erat īnsolēns.
  'servus īnsolentissimus es', inquit Salvius. Bregantem ferōciter
pulsāvit. Bregāns ad terram dēcidit. canis statim ex ōrdine ērūpit, et
Salvium petīvit. nōnnūllī servī ex ōrdinibus ērūpērunt et canem 30

8

Stage 13

retrāxērunt. Salvius, postquam sē recēpit, gladium dēstrīnxit.
'istum canem interficere volō,' inquit Salvius.
'hoc difficile est', inquit Bregāns. 'rēx Cogidubnus, amīcus tuus,
tibi canem dedit.'
'ita vērō, difficile est', respondit Salvius. 'sed ego tē pūnīre 35
possum. hoc facile est, quod servus meus es.'

in āream *into the courtyard*
in ōrdinēs *in rows*
sē īnstrūxērunt: sē īnstruere *draw oneself up*
sēcum *with him*
rēx *king*
equitēs: eques *horseman*
equō: equus *horse*
puerī puellaeque *the boys and girls*
geminī *twins*
simulac *as soon as*
īnsolēns *rude, insolent*
ērūpit: ērumpere *break away*
nōnnūllī *some, several*
retrāxērunt: retrahere *drag back*
sē recēpit: sē recipere *recover*
pūnīre *punish*
facile *easy*

British vase showing a hunting dog

1 Who inspected the slaves before Salvius arrived?
2 Why were the slave-girls missing from the inspection?
3 What gift had been sent for Salvius? Who had sent it?
4 Why did Bregans want to attract Salvius' attention?
5 Why did Salvius draw his sword?
6 What impression of Bregans do you get from this story?

Stage 13
About the language

1 Study the following pairs of sentences:

Bregāns dormit.   Bregāns **dormīre** vult.
Bregans is sleeping.   Bregans wants to sleep.

iuvenēs vīnum bibunt.   iuvenēs vīnum **bibere** volunt.
The young men are   The young men want to drink
drinking wine.   wine.

servī currunt.   servī celeriter **currere** possunt.
The slaves are running.   The slaves are able to run quickly.

coquus cēnam parat.   coquus cēnam optimam **parāre** potest.
The cook is preparing   The cook is able to prepare a very
dinner.   good dinner.

The form of the verb in heavy print is known as the *infinitive*.

2 Further examples:

1 Anti-Loquāx currit.   Anti-Loquāx currere potest.
2 Bregāns labōrat.   Bregāns labōrāre nōn vult.
3 geminī fābulam audīre volunt.
4 puerī festīnāre nōn possunt.

3 The verbs 'volō' and 'possum' are often used with an infinitive. They form their present tense as follows:

(ego) volō   I want   (ego) possum   I am able
(tū) vīs   you (s) want   (tū) potes   you (s) are able
      vult   he wants   potest   he is able
(nōs) volumus   we want   (nōs) possumus   we are able
(vōs) vultis   you (pl) want   (vōs) potestis   you (pl) are able
      volunt   they want   possunt   they are able

ego sōlem vidēre volō.   I want to see the sun.
tū pugnāre nōn potes.   You are not able to fight.

10

4 'possum', 'potes', etc. can also be translated as 'I can', 'you can', etc.:

nōs dormīre nōn possumus.   We cannot sleep.
ego leōnem interficere possum.   I can kill the lion.

5 Further examples:

1 ego pugnāre possum.
2 nōs effugere nōn possumus.
3 nōs vīnum bibere volumus.
4 tū labōrāre nōn vīs.
5 vōs celeriter currere potestis.

Salvius fundum īnspicit

postrīdiē Salvius fundum īnspicere voluit. Vārica igitur eum per fundum dūxit. vīlicus dominō agrōs et segetem ostendit.
   'seges est optima, domine', inquit Vārica. 'servī multum frūmentum in horreum iam intulērunt.'
   Salvius, postquam agrōs circumspectāvit, Vāricae dīxit, 5
'ubi sunt arātōrēs et magister? nōnne Cervīx arātōribus praeest?'
   'ita vērō, domine!' respondit Vārica. 'sed arātōrēs hodiē nōn labōrant, quod Cervīx abest. aeger est.'

agrōs: ager *field*
segetem: seges *crop, harvest*
frūmentum *grain*
horreum *barn, granary*
intulērunt: īnferre *bring in*
arātōrēs: arātor *ploughman*
magister *foreman*
nōnne *surely*
praeest: praeesse *be in charge of*

Stage 13

Salvius eī respondit, 'quid dīxistī? aeger est? ego servum aegrum
retinēre nōlō.' 10
'sed Cervīx perītissimus est', exclāmāvit vīlicus. 'Cervīx sōlus
rem rūsticam cūrāre potest.'
'tacē!' inquit Salvius. 'eum vēndere volō.'
simulatque hoc dīxit, duōs servōs vīdit. servī ad horreum
festīnābant. 15
'quid faciunt hī servī?' rogāvit Salvius.
'hī servī arātōribus cibum ferunt, domine. placetne tibi?'
respondit Vārica.
'mihi nōn placet!' inquit Salvius. 'ego servīs ignāvīs nūllum
cibum dō.' 20
tum dominus et vīlicus ad horreum advēnērunt. prope horreum
Salvius aedificium vīdit. aedificium erat sēmirutum.
'quid est hoc aedificium?' inquit Salvius.
'horreum novum est, domine!' respondit vīlicus. 'alterum
horreum iam plēnum est. ego igitur novum aedificāre voluī.' 25
'sed cūr sēmirutum est?' inquit Salvius.
Vārica respondit, 'ubi servī horreum aedificābant, domine, rēs
dīra accidit. taurus, animal ferōx, impetum in hoc aedificium fēcit.
mūrōs dēlēvit et servōs terruit.'
'quis taurum dūcēbat?' inquit Salvius. 'quis erat neglegēns?' 30
'Bregāns!'
'ēheu!' inquit Salvius. 'ego Britannīs nōn crēdō. omnēs Britannī
sunt stultī, sed iste Bregāns est stultior quam cēterī!'

eī *to him*
perītissimus: perītus *skilful*
sōlus *alone, only*
rem rūsticam *the farming*
cūrāre *look after, supervise*
simulatque *as soon as*
ferunt: ferre *bring*
ignāvīs: ignāvus *lazy*
aedificium *building*
dīra *dreadful*
taurus *bull*
neglegēns *careless*
Britannīs: Britannī *Britons*

12

About the language

1 In this Stage, you have met a new way of saying 'and' in Latin:

puerī puellae**que**   boys and girls
dominus servī**que**   master and slaves

Further examples:

1 servī ancillaeque
2 agricolae mercātōrēsque

2 The next examples are slightly longer:

dominus ex equō dēscendit, vīllam**que** intrāvit.
The master got off his horse and went into the house.

Salvius mīlitēs centuriōnem**que** salūtāvit.
Salvius greeted the soldiers and the centurion.

Further examples:

1 Vārica servōs ancillāsque īnspexit.
2 Volūbilis ad culīnam revēnit, cibumque parāvit.

Stage 13

Practising the language

1 Complete each sentence of this exercise with the most suitable word from the list below and then translate.

effugere, numerāre, dormīre, bibere, īnspicere, portāre

1 Volūbilis nōn est laetus. aquam in culīnā bibit.
   vīnum .... vult.
2 Bregāns est rōbustus. amphoram ad culīnam portat.
   Bregāns trēs amphorās .... potest.
3 Philus est callidus. pecūniam in tablīnō numerat.
   Philus pecūniam celerrimē .... potest.
4 Salvius est dominus. Salvius servōs dīligenter īnspicit.
   Salvius fundum quoque .... vult.
5 Loquāx et Anti-Loquāx sunt fessī. puerī in culīnā dormiunt.
   puerī saepe .... volunt.
6 servī contentī nōn sunt. servī ā vīlicō effugiunt.
   servī ē vīllā .... volunt.

rōbustus *strong*   celerrimē *very quickly*
amphoram: amphora *wine-jar*   ā vīlicō *from the bailiff*

2 Complete each sentence of this exercise with the most suitable word from the lists below, and then translate. Do not use any word more than once.

cōnspexī   verberāvī   vituperāvī   obdormīvī   fūgī
cōnspexistī   verberāvistī   vituperāvistī   obdormīvistī   fūgistī
cōnspexit   verberāvit   vituperāvit   obdormīvit   fūgit

1 servus in cubiculō labōrābat. servus, quod erat fessus, in cubiculō ....
2 Salvius, postquam cubiculum intrāvit, servum ....; statim fūstem cēpit et servum ....
3 Rūfilla Salviō clāmāvit, 'tū es dominus dūrus! cūr tū servum ....?'
4 'ego servum .... quod in cubiculō dormiēbat', respondit Salvius.

14

5 'heri', inquit Rūfilla, 'tū ancillam meam ......, quod neglegēns erat. ancilla perterrita erat, et ē vīllā ......'
6 'in vīllā meā ego sum dominus', inquit Salvius. 'ego ancillam ......, quod ignāva erat.'

dūrus *harsh, hard*

Salvius

Gaius Salvius Liberalis was born in central Italy but, like many clever and ambitious young men, he soon moved to Rome, where he gained a reputation for speaking his mind. After becoming a successful lawyer, he was made a Roman senator, probably by the Emperor Vespasian. In A.D. 78 he was chosen to be one of the Arval Brotherhood – a group of twelve distinguished men who met to perform religious ceremonies and in particular to pray for the emperor and his family. Salvius was also put in command of a legion; this was not only a great honour but could lead to further honours in the future. Not long afterwards, in about A.D. 81, he was sent probably by the Emperor Domitian to help Agricola, the Roman governor of the province of Britain.

Salvius' main task was probably to supervise the law courts and look after the southern part of the province while Agricola was away fighting in the north. He would have travelled round the country acting as a judge; he may also have arranged for some of the money raised by farming and mining in Britain to be sent regularly to the emperor in Rome. The stories in Stages 13 and 14 imagine Salvius and his wife Rufilla living in an impressive villa not far from Noviomagus (Chichester) near the Sussex coast.

Our knowledge of Salvius comes mainly from the details on a gravestone discovered in central Italy and an inscription found in a wood near Rome. He is also mentioned by two Roman writers, Pliny and Suetonius. Another gravestone has been found dedicated to 'Vitellia Rufilla, wife of Gaius Salvius Liberalis, priestess of the welfare of the emperor, best of mothers'. It was set up by their son.

Farming in Roman Britain

The villa

Most inhabitants of Roman Britain lived in the countryside. The native Britons were mainly peasants, living simply in round huts and farming small plots. But some Britons and a few Romans lived in villas and between six and seven hundred of these have been discovered by archaeologists.

The site of a villa surrounded by fields, Lockington, Leicestershire

Villas were well-built country houses with land for farming. The earliest villas had only three or four rooms, sometimes linked by a corridor; they were built mainly of timber and wattle-and-daub, with roofs of stone slabs, tiles or thatch. Later villas were often more complicated in design and were built mostly of stone; the grandest ones might contain long colonnades, flushing latrines, glass windows, under-floor heating, mosaics, and a set of baths complete with 'tepidārium' and 'caldārium'. They also had workshops, barns, living-quarters for the farm labourers and sheds for the animals. In choosing a place to build his villa, the owner would look not only for attractive surroundings but also for practical advantages, such as a nearby supply of running water and shelter from the cold north and east winds.

The main crops grown in Britain at this time were barley, oats, rye and especially wheat. Archaeologists have found traces of all these crops, accidentally scorched or charred, and thus preserved in the earth. The outlines of some of the small fields where the crops were grown can still be seen today, particularly in photographs taken from the air. Wooden ploughs were used, often fitted with an iron ploughshare to turn the soil more deeply. Corn was harvested with sickles; it was then dried, sometimes in hypocausts specially built for the purpose; then it was threshed, and winnowed by being thrown into the wind so that the chaff was blown from the grain. Farming tools were made of wood and iron; they included spades, pitchforks and scythes, some of which have been found by archaeologists.

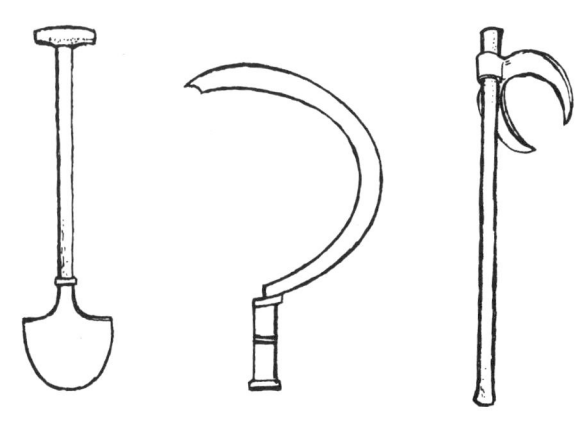

Stage 13

Most villas seem to have kept animals, such as cattle, sheep, goats, pigs and horses, in addition to geese and hens. Bees were kept to produce honey, which was used to sweeten food (there was no sugar in the Roman world). Many fruits and vegetables were grown, including some (like cherries and peas) which had been

Bronze model of a plough team

brought to Britain by the Romans. The villas could not produce everything they needed, but home-made products such as leather, meat, timber and honey could be traded for shellfish, salt, wine, pottery and ironware.

Many villas were supervised by a manager or bailiff. He would probably, like Varica, be a slave or a freedman. The bailiff was responsible for buying any food or other goods that could not be produced on the villa's own land, and looking after the buildings and slaves. In his book *On Agriculture*, the writer Columella says that the bailiff should be middle-aged and toughened from childhood by farm work.

The slaves

Farm slaves were described by one Roman landowner as just 'farming equipment with voices'. Most of Salvius' farm slaves would be British, whereas many of his house slaves would be imported from abroad. Slaves working on the land lived a much harsher life than domestic slaves, and slaves working in the mines had the harshest life of all. Some slaves were kept in chains; Columella says: 'For chained slaves there should be an underground prison, as healthy as possible, letting in light through a number of narrow windows built above hand's reach'. Slave-chains have been discovered in Britain, designed to fasten several slaves together by their necks.

In theory, the law gave slaves some protection: for example, any owner who killed a sick slave could be charged with murder. In practice, these laws were often ignored, as in the story of Salvius and the Cantican miners. However, in the first century A.D. slaves were becoming increasingly scarce and therefore expensive; this is why Columella wanted his prison to be healthy.

Most agricultural slaves were either born slaves or criminals sentenced to slavery. Columella recommends rewards for slave-women who produce many children. Such 'home-grown' slaves were not cheap, since they took no part in the farming until they were old enough to work, but the son of a skilled slave would be able to learn his father's trade at a very early age. Some of these slaves are known to us by name. For example, a gravestone from Chester was set up by a master in memory of three of his slaves who died young: a slave-boy aged twelve and two ten-year-olds called Atilianus and Anti-Atilianus, probably twins.

Words and phrases checklist

Words in the checklists for Stages 13–16 are usually listed as in the Unit IIA Language Information pamphlet. See p.14 of that pamphlet for details and practice examples.

adveniō, advenīre, advēnī – arrive
aedificium – building
aeger – sick, ill
alter: alterum – the other, the second
cantō, cantāre, cantāvī – sing
cēterī – the others, the rest
coniūrātiō: coniūrātiōnem – plot
custōs: custōdem – guard
dēcidō, dēcidere, dēcidī – fall down
dīcō, dīcere, dīxī – say
excitō, excitāre, excitāvī – arouse, wake up
fessus – tired
geminī – twins
hauriō, haurīre, hausī – drain, drink up

horreum – barn, granary
interficiō, interficere, interfēcī – kill
ita vērō – yes
nōlō – I do not want
novus – new
nūllus – not any, no
numerō, numerāre, numerāvī – count
ōrdō: ōrdinem – row
possum – I can, I am able
retineō, retinēre, retinuī – keep
ruō, ruere, ruī – rush
sē – himself
suāviter – sweetly
trahō, trahere, trāxī – drag
volō – I want
vulnerō, vulnerāre, vulnerāvī – wound

Stage 14

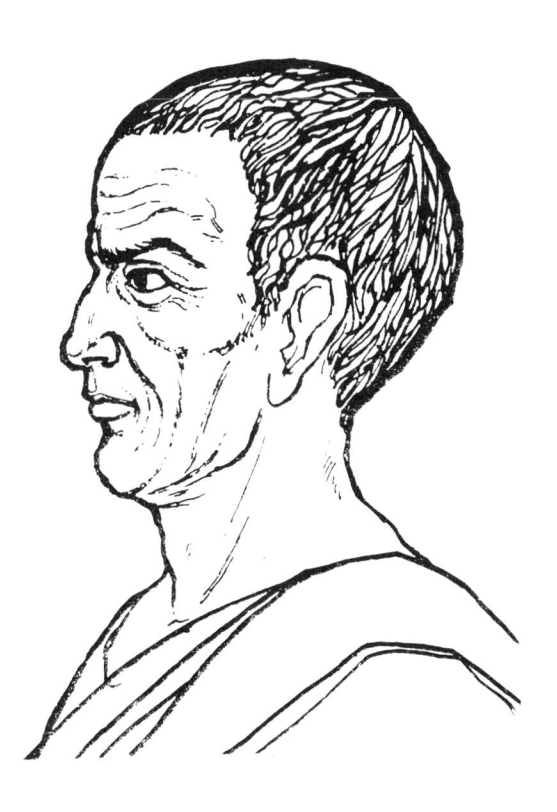

apud Salvium

Stage 14

Vārica: Phile! portā hanc amphoram in vīllam!
Philus: amphora magna est. difficile est mihi magnam amphoram portāre.
Vārica: cūr?
Philus: quod ego sum senex.

Vārica: Loquāx! Anti-Loquāx! portāte hanc amphoram in vīllam!
Loquāx: amphora gravis est. difficile est nōbīs amphoram gravem portāre.
Vārica: cūr?
Loquāx: quod nōs sumus puerī.

Stage 14

Vārica: Bregāns! portā hās amphorās in vīllam!
Bregāns: amphorae gravēs sunt. difficile est mihi amphorās gravēs portāre.
Vārica: sed necesse est!
Bregāns: cūr?
Vārica: necesse est tibi amphorās portāre quod Philus est senex, quod Loquāx et frāter sunt puerī, et...
Bregāns: quod tū es vīlicus!

Rūfilla

Rūfilla in cubiculō sedet. duae ōrnātrīcēs prope eam stant et crīnēs compōnunt. Salvius intrat. Rūfilla, simulatque eum cōnspicit, ōrnātrīcēs ē cubiculō dīmittit.
Rūfilla: Salvī! vir crūdēlis es. ego ad hanc vīllam venīre nōlēbam. in urbe Londiniō manēre volēbam. Londinium est urbs pulcherrima, ubi multās amīcās habeō. difficile est mihi 5 amīcās relinquere.

ōrnātrīcēs: ōrnātrīx *hairdresser*
dīmittit: dīmittere *send away, dismiss*
crūdēlis *cruel*
Londiniō: Londinium *London*
amīcās: amīca *friend*
relinquere *leave*

23

Stage 14

Salvius: Rūfilla! quam levis es! ubi in urbe Londiniō habitābāmus, cotīdiē ad mē veniēbās. cotīdiē mihi ita dīcēbās, 'Semprōnia, amīca mea, est fortūnātior quam ego. marītum optimum habet. marītus eī rēs pretiōsās semper dat. vīllam rūsticam eī prōmīsit. ego quoque vīllam rūsticam habēre volō, sed tū mihi nihil dās.' 10
tandem vīllam tibi dedī, sed etiam nunc nōn es contenta.
Rūfilla: sed ego vīllam prope urbem habēre volēbam. haec vīlla ab urbe longē abest. 15
Salvius: tū ipsa hanc vīllam ēlēgistī. ego, quamquam pretium magnum erat, eam libenter ēmī. nōnne haec vīlla est ēlegāns? nōnne etiam magnifica?
Rūfilla: sed hiems iam appropinquat. amīcae meae semper in urbe hiemant. nōn commodum est mihi in vīllā rūsticā hiemāre. 20
matrōna Rōmāna sum. decōrum est mihi cum amīcīs hiemāre. in hōc locō sōla sum. amīcās meās vīsitāre nōn possum.
Salvius: quid dīxistī? sōla es? decem ancillās habēs, novem servōs, duās ōrnātrīcēs, coquum Aegyptium . . . 25
Rūfilla: et marītum dūrum et crūdēlem. nihil intellegis! nihil cūrās!
(*exit lacrimāns.*)

levis *changeable, inconsistent*
fortūnātior: fortūnātus *lucky*
vīllam rūsticam: vīlla rūstica *house in the country*
etiam *even*
ab urbe *from the city*
tū ipsa *you yourself*
pretium *price*
libenter *gladly*
ēlegāns *tasteful, elegant*
hiems *winter*
appropinquat: appropinquāre *approach*
hiemant: hiemāre *spend the winter*
commodum: commodus *convenient*
matrōna *lady*
decōrum: decōrus *right, proper*
novem *nine*
lacrimāns *weeping, crying*

24

Stage 14

Domitilla cubiculum parat

'Domitilla! Domitilla! ubi es?' clāmāvit Marcia. Marcia anus erat.
'in hortō sum, Marcia. quid vīs?' respondit Domitilla. 'fessa sum, quod diū labōrāvī.'
'necesse est nōbīs cubiculum parāre', inquit Marcia. 'domina nōbīs hoc mandāvit, quod familiārem exspectat.' 5
'ēheu! semper labōrō; numquam ōtiōsa sum', inquit Domitilla.
'puella ignāvissima es', inquit Marcia. 'domina ipsa mē ad tē mīsit. necesse est tibi cubiculum verrere. necesse est mihi pavīmentum lavāre. curre ad culīnam! quaere scōpās!'
Domitilla ex hortō discessit et ad culīnam lentē ambulābat. īrāta 10 erat, quod cubiculum verrere nōlēbat.
'ego ōrnātrīx sum', inquit. 'nōs ōrnātrīcēs nihil sordidum facimus. nōn decōrum est ōrnātrīcibus cubiculum verrere.'
subitō Domitilla cōnsilium cēpit et ad culīnam quam celerrimē festīnāvit. simulac culīnam intrāvit, lacrimīs sē trādidit. 15
Volūbilis attonitus, 'mea columba', inquit, 'cūr lacrimās?'
'lacrimō quod miserrima sum', ancilla coquō respondit. 'per tōtum diem labōrāvī. quam fessa sum! nunc necesse est mihi cubiculum parāre. nōn diūtius labōrāre possum.'
'mea columba, nōlī lacrimāre!' inquit Volūbilis. 'ego tibi 20 cubiculum parāre possum.'
'Volūbilis! quam benignus es!' susurrāvit ancilla.
coquus cum ancillā ad cubiculum revēnit. dīligenter labōrāvit et cubiculum fēcit pūrum. ancilla laeta dīxit,
'meum mel! meae dēliciae!' et coquō ōsculum dedit. 25
coquus ērubēscēns ad culīnam revēnit.

anus *old woman*	nihil sordidum *no dirty jobs*
quid vīs? *what do you want?*	lacrimīs sē trādidit *burst into tears*
diū *for a long time*	miserrima *very miserable, very sad*
necesse *necessary*	diūtius *any longer*
hoc mandāvit *has given this order*	nōlī lacrimāre *don't cry*
familiārem: familiāris *relation, relative*	pūrum: pūrus *clean, spotless*
domina ipsa *the mistress herself*	mel *honey*
verrere *sweep*	ōsculum *kiss*
scōpās: scōpae *broom*	ērubēscēns *blushing*
lentē *slowly*	

25

Stage 14
About the language

1 Study the following sentences:

1 **magnus** servus labōrābat.	The **large** slave was working.
2 agricola servum **ignāvum** pūnīvit.	The farmer punished the **lazy** slave.
3 dominus servō **fessō** praemium dedit.	The master gave a reward to the **tired** slave.

The words in heavy print are *adjectives*. They are used to describe nouns. In each of these examples, the adjective is describing the slave.

2 Adjectives change their endings to match the *case* of the nouns they describe.
In sentence 1 above, 'magnus' is nominative because it describes a nominative noun ('servus').
In sentence 2, 'ignāvum' is accusative, because it describes an accusative noun ('servum').
In sentence 3, 'fessō' is dative, because it describes a dative noun ('servō').

3 Translate the following examples and pick out the adjective in each sentence:

1 ancilla perterrita ad culīnam contendit.
2 coquus ancillam perterritam salūtāvit.
3 cīvēs mercātōrem fortem laudāvērunt.
4 cīvēs mercātōrī fortī praemium dedērunt.
5 agricola parvum puerum cōnspexit.
6 agricola parvō puerō equum ostendit.

Find the noun described by each adjective, and say whether the noun and adjective are nominative, accusative or dative.

4 Adjectives also change their endings to match the *number* (i.e. singular or plural) of the nouns they describe. An adjective is singular if it describes a singular noun, and plural if it describes a plural noun. For example:

parvus servus dormiēbat.　　The small slave was sleeping.
multī servī bibēbant.　　　　Many slaves were drinking.

5 Translate the following examples and pick out the adjective in each sentence:

1 fēminae laetae per viās ambulābant.
2 fēmina laeta per viās ambulābat.
3 gladiātor leōnem ferōcem necāvit.
4 gladiātor leōnēs ferōcēs necāvit.
5 pictūra pulchra erat in ātriō.
6 vīlicus multōs amīcōs in tabernā vīdit.

Find the noun described by each adjective, and say whether the noun and adjective are singular or plural.

6 When an adjective changes its ending in this way it is said to *agree*, in case and number, with the noun it describes.

7 Adjectives like 'magnus' and 'multī', which indicate *size* or *quantity*, usually come before the noun they describe; other adjectives usually come after the noun.

Stage 14

Rūfilla cubiculum ōrnat

tum Marcia cubiculum intrāvit. lentē prōcēdēbat, quod urnam portābat. Marcia urnam vix portāre poterat, quod anus erat. ubi Domitillam cōnspexit, clāmāvit,
'cūr nōn labōrās? puella ignāvissima es.'
'quam stulta es!' respondit Domitilla. 'dīligenter labōrāvī. 5
cubiculum fēcī pūrum. nunc necesse est tibi pavīmentum lavāre.'
Marcia, quamquam erat attonita, Domitillae nihil dīxit. sōla pavīmentum lavābat. tandem rem cōnfēcit.
'euge!' inquit Domitilla. 'optimē labōrāvistī. nitidum est pavīmentum!' 10
Rūfilla vōcēs audīvit et intrāvit. Domitilla, postquam eam cōnspexit, cubiculum dēmōnstrāvit.
'cubiculum tibi parāvimus, domina, et pavīmentum fēcimus nitidum.'
'bene labōrāvistis', ancillīs respondit Rūfilla. 'sed, quamquam 15
nitidum est pavīmentum, familiāris meus in hōc cubiculō dormīre nōn potest. nam cubiculum est inēlegāns. necesse est nōbīs id ōrnāre. familiāris meus est vir urbānus.'
'tablīnum est ēlegāns', inquit Domitilla. 'in tablīnō, ubi dominus labōrat, sunt multae rēs pretiōsae.' 20
'ita vērō', inquit Rūfilla, 'in tablīnō est armārium ēlegantissimum. in tablīnō sunt sella aēnea et candēlābrum aureum. age! Domitilla, necesse est nōbīs ad tablīnum īre.'

ōrnat: ōrnāre *decorate*
urnam: urna *bucket*
vix *hardly, scarcely*
sōla *alone, on her own*
nitidum: nitidus *gleaming, brilliant*
vōcēs: vōx *voice*
dēmōnstrāvit: dēmōnstrāre *point out, show*
bene *well*

nam *for*
id *it*
inēlegāns *unattractive*
urbānus *smart, fashionable*
armārium *chest, cupboard*
aēnea *made of bronze*
candēlābrum *lamp-stand, candelabrum*
aureum: aureus *golden, made of gold*
age! *come on!*

28

Stage 14

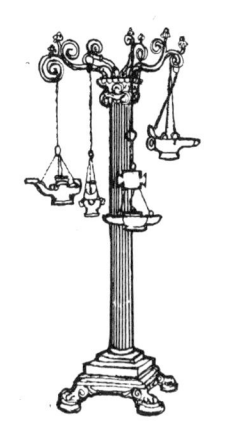

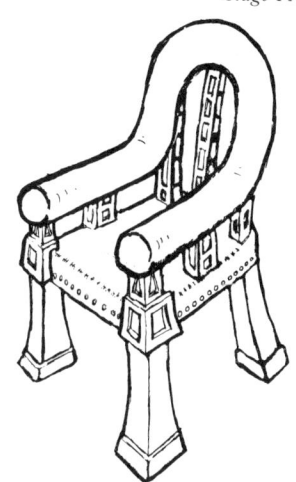

About the language

1 Study the following sentence:

cīvis servum **trīstem** salūtāvit.
The citizen greeted the **sad** slave.

The adjective 'trīstem' is in the accusative case because it describes the accusative noun 'servum'.

2 Although 'trīstem' and 'servum' are both accusative, they do not have the same ending. This is because they belong to different declensions, and have different ways of forming their cases. 'trīstis' belongs to the third declension and 'servus' belongs to the second declension.

3 Translate the following examples:

1 Quīntus fābulam mīrābilem nārrāvit.
2 in vīllā habitābat senex stultus.
3 gladiātor bēstiās ferōcēs agitābat.
4 dominus amīcō fidēlī dēnāriōs trādidit.
5 omnēs lībertī vīnum bibēbant.

Pick out the adjective in each sentence and say which noun it is describing.

29

Stage 14

When you have read this story, answer the questions at the end.

in tablīnō

postrīdiē Salvius et Philus in tablīnō sunt. intrat Rūfilla.
Rūfilla: mī Salvī!
Salvius: occupātus sum! necesse est mihi hās epistulās dictāre. ego
rem celeriter cōnficere volō. ubi est sella mea?
(*Salvius sellam frūstrā quaerit.*) 5
heus! ubi est ista sella?
Rūfilla: mī cārissime! aliquid tibi dīcere volō.
Salvius: tē nunc audīre nōn possum. epistulās dictāre volō. ecce!
Philus parātus adest. stilī et cērae adsunt – heus! ubi est
armārium meum? quis cēpit? 10
Rūfilla: Salvī! audī!
(*tandem Salvius uxōrī cēdit et Philum dīmittit.*)
Salvius: ēheu! abī, Phile! nōn commodum est mihi epistulās
dictāre.
Rūfilla: bene! nunc aliquid tibi dīcere possum. ubi in urbe 15
Londiniō nūper eram, familiārem convēnī.
Salvius: tot familiārēs habēs! eōs numerāre nōn possum.
Rūfilla: sed hic familiāris est Quīntus Caecilius Iūcundus. ubi
mōns Vesuvius urbem Pompēiōs dēlēvit, Quīntus ex urbe
effūgit. quam cōmis est! quam urbānus! 20
Salvius: hercle! ego Pompēiānīs nōn crēdō. paucī probī sunt, cēterī
mendācēs. ubi in Campāniā mīlitābam, multōs
Pompēiānōs cognōscēbam. mercātōrēs Pompēiānī nōs
mīlitēs semper dēcipiēbant.
Rūfilla: stultissimus es! familiāris meus nōn est mercātor. Quīntus 25
vir nōbilis est. eum ad vīllam nostram invītāvī.
Salvius: quid dīxistī? Pompēiānum invītāvistī? ad vīllam nostram?
Rūfilla: decōrum est mihi familiārem meum hūc invītāre. ancillae
familiārī meō cubiculum parāvērunt. ancillae, quod

30

Stage 14

  cubiculum inēlegāns erat, sellam armāriumque tuum in eō 30
  posuērunt.
Salvius: īnsāna es, uxor! Pompēiānī mendāciōrēs sunt quam
     Britannī. num tū sellam et armārium ē tablīnō extrāxistī?
Rūfilla: et candēlābrum.
Salvius: prō dī immortālēs! ō candēlābrum meum! ō mē miserum! 35

mī Salvī! *my dear Salvius!*
heus! *hey!*
cārissime *dearest*
aliquid *something*
cēdit: cēdere *give in, give way*
bene! *good!*
nūper *recently*
convēnī: convenīre *meet*
tot *so many*
cōmis *courteous, friendly*
paucī *a few*
mīlitābam: mīlitāre *be a soldier*
cognōscēbam: cognōscere *get to know*
mīlitēs: mīles *soldier*
in eō *in it*
num tū . . . extrāxistī? *surely you did not take?*
prō dī immortālēs! *heavens above!*
ō mē miserum! *O wretched me! O dear!*

1 Why has Rufilla come to see Salvius?
2 Why does she address him as 'mī Salvī' and 'mī cārissime'?
3 What mood is Salvius in? Why?
4 Why is Salvius not able to find his chair and cupboard? What else is missing from the study?
5 Why is Rufilla pleased about Quintus' visit? Why does Salvius not like the idea?

Stage 14
Practising the language

1 Translate into English:

Salvius: Vārica, quaere Bregantem!
Vārica: ego Bregantem quaerere nōn possum. ē vīllā discēdere nōn possum. Rūfilla mē exspectat.
Salvius: Loquāx, Anti-Loquāx, custōdīte vīllam!
Loquāx: vīllam custōdīre nōn possumus. Rūfilla nōs exspectat.
Salvius: Volūbilis, vocā servōs ad mē!
Volūbilis: servōs ad tē vocāre nōn possum. domina nostra eōs exspectat.
(*Rūfilla intrat.*)
Salvius: Rūfilla, manē!
Rūfilla: manēre nōn possum. servī mē exspectant.

2 Complete each sentence of these paragraphs with the right word from those given below, and then translate. You will have to use some words more than once.

1
	singular	plural
nominative	Salvius	servī
accusative	Salvium	servōs

Salvius dominus est. Salvius multōs servōs habet. .... in agrīs dīligenter labōrant. .... est dominus dūrus. Salvius .... verberat. servī .... nōn amant. .... ē vīllā effugere volunt.

2
	singular	plural
nominative	Rūfilla	ancillae
accusative	Rūfillam	ancillās

Rūfilla domina est. Rūfilla multās ancillās habet. .... in vīllā labōrant. .... est domina benigna. Rūfilla .... semper laudat. .... amant.
(The last sentence has *two* words missing.)

Stage 14

Quīntus advenit

Quīntus ad vīllam advēnit. Salvius ē vīllā contendit et eum salūtāvit.
'mī Quīnte!' inquit. 'exspectātissimus es! cubiculum optimum
tibi parāvimus.'
  Salvius Quīntum in tablīnum dūxit, ubi Rūfilla sedēbat. Rūfilla,
postquam familiārem suum salūtāvit, suāviter rīsit.   5
'cēnam modicam tibi parāvī', inquit. 'tibi ostreās parāvī et garum
Pompēiānum. post cēnam cubiculum tibi ostendere volō.'
  Salvius, postquam Quīntus cēnam cōnsūmpsit, dē urbe Pompēiīs
quaerēbat.
  'ubi in Campāniā mīlitābam, saepe urbem Pompēiōs vīsitābam.   10
nōnne illa clādēs terribilis erat?'
  Rūfilla interpellāvit,
'cūr Quīntum nostrum vexās? nōn decōrum est. difficile est
Quīntō tantam clādem commemorāre.'
  Rūfilla ad Quīntum sē convertit.   15
'fortasse, mī Quīnte, fessus es. cubiculum tibi parāvī. cubiculum
nōn est ōrnātum. in eō sunt armārium modicum et candēlābrum
parvum.'
  Salvius īrātus nihil dīxit.
  Quīntus, postquam cubiculum vīdit, exclāmāvit,   20
'quam elegāns est cubiculum! ego nihil elegantius vīdī.'
  'cōnsentiō', inquit Salvius. 'cubiculum tuum elegantius est quam
tablīnum meum.'

exspectātissimus: exspectātus *welcome*
modicam *ordinary, little*
ostreās: ostrea *oyster*
garum *sauce*
clādēs *disaster*
terribilis *terrible*
interpellāvit: interpellāre *interrupt*

tantam *so great, such a great*
commemorāre *talk about*
sē convertit: sē convertere *turn*
ōrnātum: ōrnātus *elaborately furnished, decorated*
elegantius *more tasteful*

33

Stage 14

tripodes argenteī

servī in cubiculō Quīntum vestiēbant. ancilla eī togam tulit. Anti-
Loquāx cubiculum intrāvit et Quīntō dīxit,
  'necesse est dominō meō ad aulam īre. rēx Cogidubnus hodiē
sacrificium facit. rēx omnēs nōbilēs ad aulam invītāvit.'
  'rēgem hodiē vīsitāmus?' rogāvit Quīntus. 'ubi in urbe Londiniō 5
habitābam, saepe dē hōc rēge audiēbam. necesse est mihi dōnum
ferre. fortasse est aliquid in arcā meā.'
  iuvenis ad arcam iit et duōs tripodas argenteōs extrāxit.
  Anti-Loquāx attonitus ē cubiculō exiit et Salviō rem nārrāvit.
Salvius, postquam dē tripodibus argenteīs audīvit, ad cellārium 10
contendit.
  'necesse est mihi rēgem Cogidubnum vīsitāre', inquit. 'dōnum eī
ferre volō.'
  'nōn difficile est nōbīs dōnum invenīre, domine', Salviō respondit
cellārius. 'ecce! urna aēnea. antīquissima est. placetne tibi?' 15
  'mihi nōn placet', inquit Salvius. 'dōnum aēneum Cogidubnō
ferre nōlō.'
  cellārius Salviō amphoram dēmōnstrāvit.
  'nōnne vīnum est dōnum optimum, domine?' inquit cellārius.
  'minimē!' respondit Salvius. 'Cogidubnus multās amphorās 20
habet, multumque vīnum. rēx vīnum ex Ītaliā cotīdiē importat.'
  tum Salvius, ubi statuam parvam cōnspexit, clāmāvit,
  'euge! hanc statuam rēgī ferre possum. aurāta est statua. Quīntus
rēgī dōnum argenteum ferre vult; ego tamen aurātum dōnum ferre
possum!' 25
  'domine! nōn dēbēs', inquit cellārius.
  'cūr nōn dēbeō?' rogāvit Salvius.
  'Cogidubnus ipse tibi hanc statuam dedit!' inquit cellārius.
  'hercle!' clāmāvit Salvius. 'necesse est mihi istam urnam ad
aulam portāre.' 30

tripodes *tripods*
argenteī: argenteus *made of silver*
vestiēbant: vestīre *dress*
tulit: ferre *bring*
aulam: aula *palace*
arcā: arca *strong-box, chest*
cellārium: cellārius *steward*
urna *jar, jug*
importat: importāre *import*
aurāta *gilded, gold-plated*
nōn dēbēs *you shouldn't, mustn't*

Stage 14

About the language

1 In Stage 13, you met the present tense of 'possum', 'I am able':

Loquāx currere potest.   ego labōrāre nōn possum.
Loquax is able to run.   I am not able to work.

2 You have now met 'possum' in the imperfect tense:

Loquāx currere poterat.   ego labōrāre nōn poteram.
Loquax was able to run.   I wasn't able to work.
or Loquax could run.   *or* I couldn't work.

3 The complete imperfect tense of 'possum' is:

(ego) poteram   I was able (*or* 'I could')
(tū) poterās   you (singular) were able
poterat   he was able
(nōs) poterāmus   we were able
(vōs) poterātis   you (plural) were able
poterant   they were able

4 Further examples:

1 servī sōlem vidēre nōn poterant.
2 Bregāns amphoram portāre nōn poterat.
3 nōs labōrāre nōn poterāmus.
4 tū in urbe manēre nōn poterās.

Stage 14

Britain in the first century A.D.

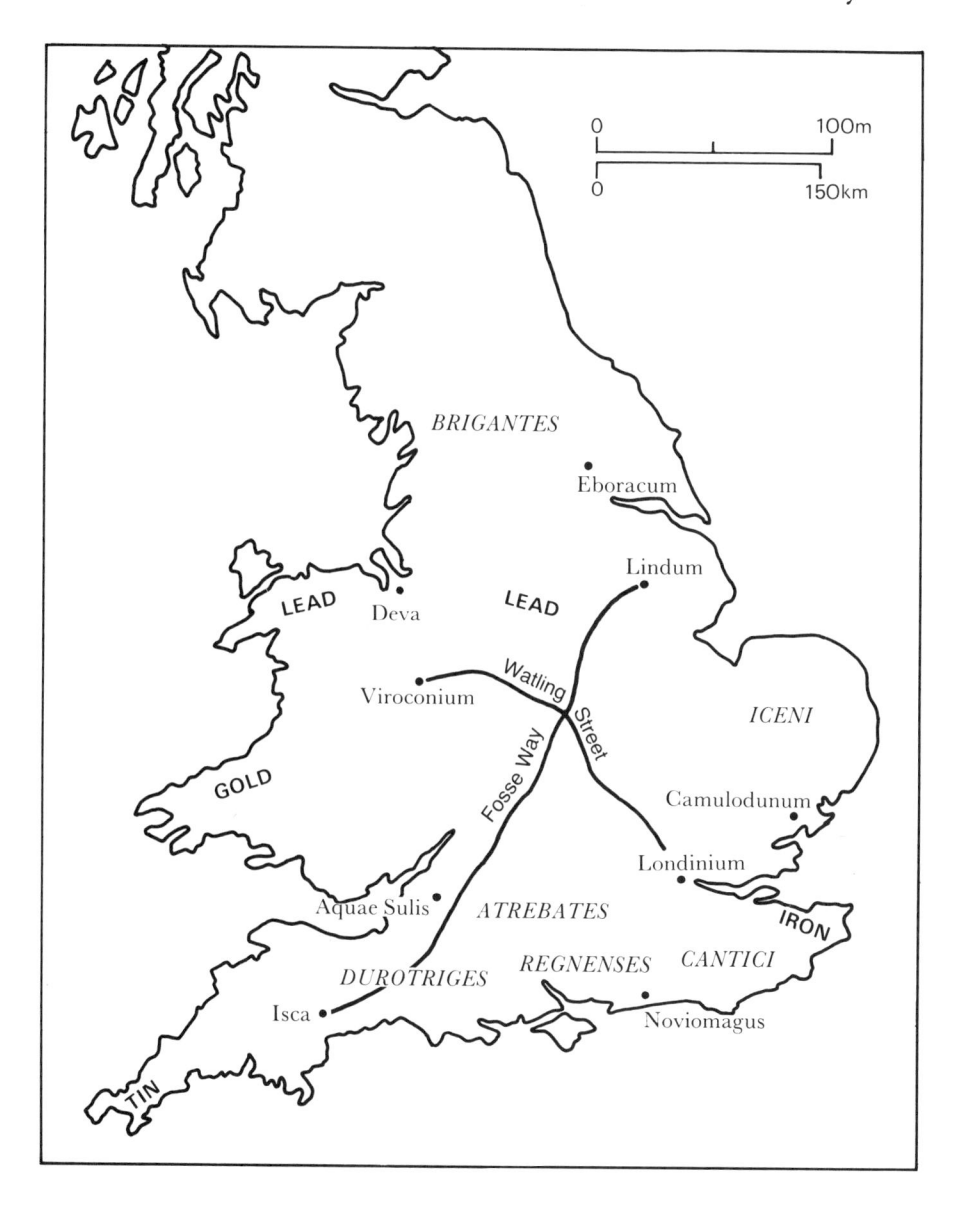

The Romans in Britain

The first Roman general to lead his soldiers into Britain was Julius Caesar, in 55 B.C. Britain was inhabited at the time by a number of different tribes each ruled by its own king or chieftain. Caesar wrote an account of his visit to Britain, in which he described the inhabitants as fierce warriors, living on good agricultural or pasture land, in a country rich in timber and minerals. Their skills included not only farming, but also making pottery and working with iron and bronze.

Caesar wanted to find out whether the wealth of Britain was worth the trouble of occupying it with Roman troops. But after another short visit in 54 B.C., he did not explore any further. His

Inscription from the triumphal arch in Rome commemorating the Claudian invasion of Britain

attention was needed for wars elsewhere, first in Gaul and then in a struggle against his own Roman government. Ten years later, he was assassinated.

Caesar's great-nephew Augustus became the first Roman emperor. He and his successors kept away from Britain for more than half a century. But in A.D. 43 the Emperor Claudius decided to invade. Perhaps he had received fresh information about British wealth; more probably he needed some military success for his own prestige. Claudius did not lead the invasion force himself, but he followed it, spending sixteen days in Britain, watching his army's assault on Colchester and giving official approval to the actions of his commander Aulus Plautius.

Eleven British kings surrendered after this campaign, and Britain was declared a Roman province, with Aulus Plautius as its first governor. This meant that the Romans were taking over the country as part of their empire. From then on, Roman officials would enforce Roman law and collect Roman taxes. Romans would be able to buy land in Britain and use it for agriculture or mining. And the Roman army would be present to keep the peace in the province, firmly and sometimes brutally.

Some British rulers, like King Cogidubnus in the south, chose to co-operate with the invaders and become allies and dependants of Rome. Others, such as Caratacus in Wales, and Queen Boudica in East Anglia, resisted the Romans bitterly but unsuccessfully. The Romans gradually pushed the frontier further north, to include the Midlands and Wales, then the northern kingdom of Brigantia.

The stories in Stages 13 and 14 are set in the time of Britain's most famous governor, Gnaeus Julius Agricola. Agricola stayed in the province for seven years, longer than any other governor; he led his army into the Scottish highlands where he built a number of forts, some of which are still being discovered by aerial photography. But Agricola's purpose was not just military victory. His son-in-law, the historian Tacitus, says: 'He wanted to accustom the Britons to a life of peace, by providing them with the comforts of civilisation. He gave personal encouragement and official aid to the building of temples, forums and houses . . . He educated the sons of the chiefs . . . so that instead of hating the Latin language, they began to speak it well.'

Roman road on Wheeldale Moor, North Yorkshire

Gradually, a network of roads spread across the province. One of the earliest, the Fosse Way, ran from Exeter to Lincoln and may have marked the original 'frontier' during the governorship of Aulus Plautius; it is still possible to walk or drive along stretches of it. Other roads (such as Watling Street, which roughly follows the course of the modern A5 road) acted as links between the lowland areas of the south-east, where the Romans quickly gained control, and the hillier country in the north and west, where fighting continued on and off for many years and where the most important Roman forts were situated.

The roads were originally built for the use of Roman soldiers; but before long they were being extensively used by merchants as well. Trade between Britain and the continent increased rapidly. Among the items exported from Britain in Roman times were three products mentioned in Stage 13: grain, hunting dogs and iron from the mines of Kent. Gold (in Wales), tin (in Cornwall) and lead (in Derbyshire and Clwyd) were also mined in Roman Britain. In return, Britain imported many goods from Rome and the rest of the empire. Among them were olive oil and wine, carried in amphorae of the kind shown on pages 22–3. Romans who came to stay in Britain brought their own way of life with them; and many Britons, especially members of the leading families, wanted to imitate the manners of the invaders and to become as Roman as possible.

Some Britons became very wealthy from this trade and welcomed the Romans enthusiastically; others suffered severely from the arrival of the Romans; others again were hardly affected at all. Many of them no doubt had mixed feelings about becoming part of the Roman empire. It gave them a share in Roman prosperity and the Roman way of life; but it also meant Roman taxes and a Roman governor backed by Roman troops. However, whether welcome or unwelcome, the Romans were to remain in Britain for nearly four hundred years.

Important events and dates

Date	Emperor	Event
B.C.		
55–54		Julius Caesar's expeditions to Britain
44		*Assassination of Julius Caesar*
27	Augustus	
A.D.		
14	Tiberius	
37	Gaius (Caligula)	
41	Claudius	
43		Invasion of Britain under Aulus Plautius
		Claudius enters Colchester in triumph
		Vespasian's expedition against the Durotriges
		Britain becomes a Roman province
51		Defeat of Caratacus
54	Nero	
61		Revolt of Boudica
69	*Civil War*	
	Vespasian	
75		Fishbourne palace near Chichester is built
78		Salvius becomes member of Arval Brotherhood
		Agricola comes to Britain as governor
79	Titus	*Eruption of Vesuvius*
81	Domitian	Salvius is sent to Britain
83–84		Agricola's campaigns in Scotland

Stage 14
Words and phrases checklist

antīquus – old, ancient
apud – among, at the house of
argenteus – made of silver
attonitus – astonished
aula – palace
cotīdiē – every day
decōrus – right, proper
dēleō, dēlēre, dēlēvī – destroy
deus – god
dictō, dictāre, dictāvī – dictate
difficilis – difficult
dīligenter – carefully
domina – mistress
dōnum – present, gift
familiāris: familiārem – relation, relative
fidēlis – faithful, loyal
ipse, ipsa – himself, herself
iste – that
lavō, lavāre, lāvī – wash
marītus – husband
necesse – necessary
nōbilis – noble, of noble birth
num? – surely . . . not?
pretiōsus – expensive, precious
quam – how
quamquam – although
-que – and
rēx: rēgem – king
sella – chair
ubi – when

Stage 15

rēx
Cogidubnus

Stage 15

multī Britannī ad aulam
vēnērunt. senex, quī
scēptrum tenēbat, erat
rēx Cogidubnus.

fēmina prope
Cogidubnum sedēbat.
fēmina, quae diadēma
gerēbat, erat rēgīna.

multī Rōmānī Cogidubnō
rēs pretiōsās dabant.
dōnum, quod rēgem
maximē dēlectāvit, erat
equus.

Stage 15

duae ancillae ad rēgem
vēnērunt. vīnum, quod
ancillae ferēbant, erat in
paterā aureā. rēx vīnum
lībāvit.

servus agnum ad āram
dūxit. agnus, quem
servus dūcēbat, erat
victima.

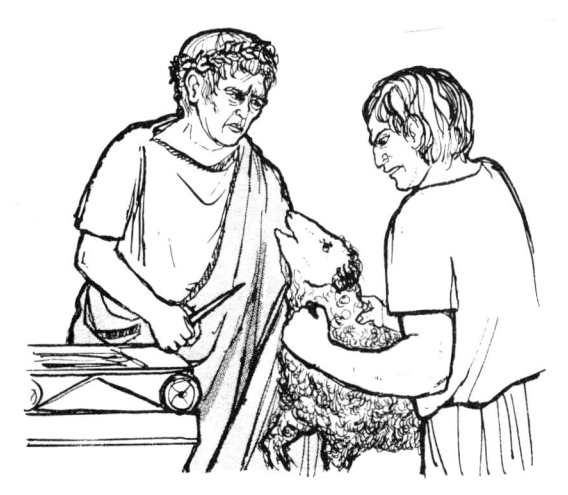

sacerdōs victimam
īnspexit. victima, quam
servus tenēbat, bālāvit.
sacerdōs victimam
interfēcit.

ad aulam

Salvius et Quīntus ad aulam cum multīs servīs prōcēdēbant. agmen erat splendidum. in prīmā parte decem servī ībant. hī servī erant praecursōrēs; virgās longās tenēbant. in mediō agmine Salvius et Quīntus equitābant. ancilla, quae post Salvium ambulābat, urnam portābat. servus, quī post Quīntum ambulābat, tripodas portābat. aliae ancillae flōrēs et unguentum ferēbant. vīgintī servī cum puellīs ībant. agmen splendidum tōtam viam complēbat.

Britannī quoque multī ad aulam ībant. uxōrēs līberōsque sēcum dūcēbant. magna turba erat in viā. tum Vārica, quī cum praecursōribus equitābat, ad Salvium rediit.

'domine', inquit, 'difficile est nōbīs prōcēdere, quod hī Britannī viam complent. ē viā exīre nōlunt. quid facere dēbeō?'

Salvius īrātus eī dīxit,

'necesse est praecursōribus Britannōs ē viā ēmovēre. nōn decōrum est Britannīs cīvēs Rōmānōs impedīre. ego quam celerrimē īre volō, quod rēx nōs exspectat.'

Vārica, quī dominum īrātum timēbat, ad praecursōrēs rediit et clāmāvit,

'asinī estis! virgās habētis. ēmovēte Britannōs!'

praecursōrēs statim virgās vibrābant. multī Britannī in fossās dēsiluērunt, quod virgās timēbant. duo iuvenēs tamen impavidī in viā cōnsistēbant. prope iuvenēs erat plaustrum, quod tōtam viam claudēbat.

'cūr viam clauditis?' rogāvit Vārica. 'necesse est dominō meō ad aulam īre.'

'nōs quoque ad aulam contendimus. rēgem vīsitāre volumus', respondērunt iuvenēs. 'sed plaustrum movēre nōn possumus, quod plaustrum rotam frāctam habet. amīcus noster, quem nōs exspectāmus, aliam rotam quaerit. amīcum exspectāre dēbēmus.'

Vārica anxius ad Salvium rediit, et eī rem nārrāvit.

'plaustrum, quod vidēs, domine, rotam frāctam habet. difficile est nōbīs prōcēdere, quod hoc plaustrum tōtam viam claudit.'

Salvius, quī nunc erat īrātior quam anteā, eum vituperāvit.
'num surdus es? caudex! nōn commodum est mihi in hōc locō
manēre. quam celerrimē prōcēdere volō.'   35
Vārica, postquam ad plaustrum rediit, praecursōrēs vituperāvit,
'caudicēs!' clāmāvit. 'ēmovēte hoc plaustrum! dēicite in fossam!'
praecursōrēs, postquam Vāricam audīvērunt, plaustrum in
fossam dēiēcērunt. iuvenēs, quī erant attonitī, vehementer
resistēbant et cum praecursōribus pugnābant. tum praecursōrēs 40
iuvenēs quoque in fossam dēiēcērunt. Salvius, quī rem spectābat,
cachinnāns prōcessit.
    'Britannī sunt molestissimī', inquit Salvius. 'semper nōs
Rōmānōs vexant.'

agmen *procession*
in prīmā parte *in the forefront*
praecursōrēs: praecursor *forerunner (sent
    ahead of a procession to clear the way)*
virgās: virga *rod, stick*
equitābant: equitāre *ride*
flōrēs: flōs *flower*
unguentum *perfume*
sēcum *with them*
facere dēbeō *ought to do*
ēmovēre *move, clear away*
impedīre *delay, hinder*
fossās: fossa *ditch*
dēsiluērunt: dēsilīre *jump down*
impavidī: impavidus *fearless*
cōnsistēbant: cōnsistere *stand one's
    ground, stand firm*
plaustrum *wagon, cart*
claudēbat: claudere *block*
movēre *move*
rotam: rota *wheel*
anteā *before*
surdus *deaf*
dēicite! *throw!*
resistēbant: resistere *resist*
cachinnāns *laughing, cackling*
molestissimī: molestus *troublesome*

47

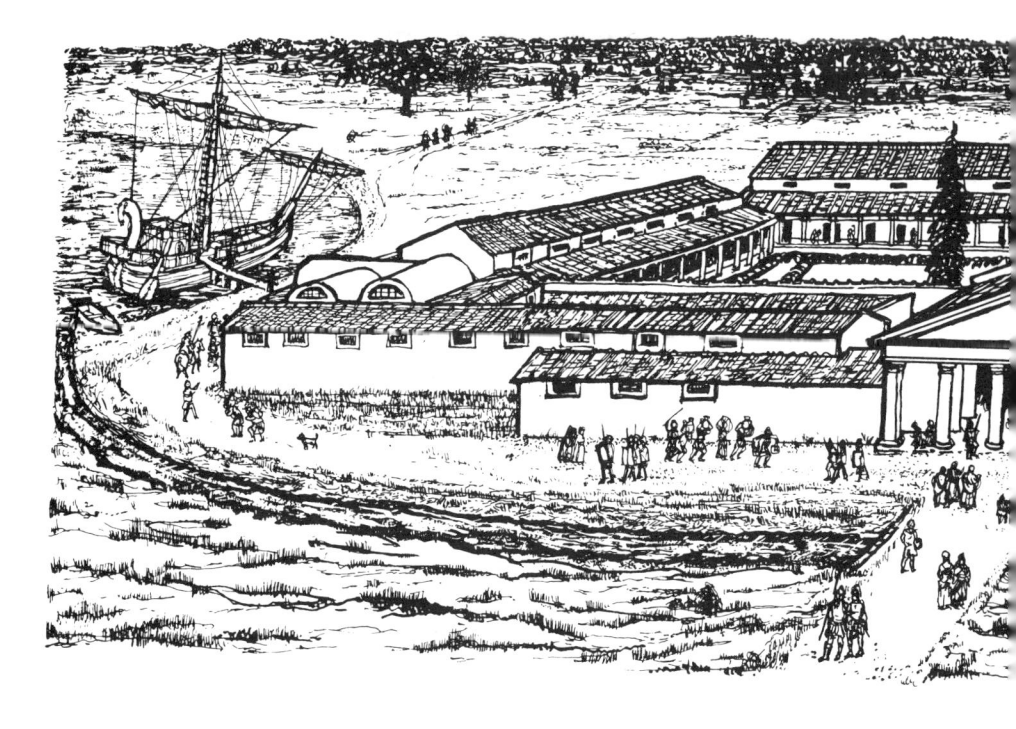

caerimōnia

servus Salvium et Quīntum ad ātrium dūxit. illī, postquam ātrium
intrāvērunt, magnam turbam vīdērunt. multī prīncipēs Britannicī
in ātriō erant. sermōnēs inter sē habēbant. multae fēminae cum
prīncipibus sedēbant. aderant multī Rōmānī, quī prope prīncipēs
sedēbant. haec multitūdō, quae ātrium complēbat, magnum 5
clāmōrem faciēbat.
  Quīntus et Salvius ad medium ātrium contendērunt. ubi illūc
advēnērunt, lectum vīdērunt. in lectō erat effigiēs cērāta. Quīntus
effigiem agnōvit.
  'bona est effigiēs! imperātor Claudius est!' clāmāvit Quīntus. 10
  'ita vērō', respondit Salvius. 'rēx Cogidubnus Claudium
quotannīs honōrat. fabrī, quī ex Ītaliā veniunt, effigiem quotannīs
faciunt. decōrum est Cogidubnō Claudium honōrāre. nam

Claudius erat imperātor, quī Cogidubnum rēgem fēcit.'
  subitō turba, quae prope iānuam stābat, ad terram prōcubuit.
prīncipēs Britannicī, quī in mediō ātriō sedēbant, celeriter
surrēxērunt. etiam Rōmānī tacēbant.
  'rēx adest', susurrāvit Salvius.
  per iānuam intrāvit senex. parvus puer senem dūcēbat, quod

caerimōnia *ceremony*
illī *they*
prīncipēs: prīnceps *chief, chieftain*
Britannicī: Britannicus *British*
sermōnēs: sermō *conversation*
inter sē *among themselves, with each other*
multitūdō *crowd*
illūc *there*

effigiēs cērāta *wax image*
bona *good*
imperātor *emperor*
quotannīs *every year*
honōrat: honōrāre *honour*
fabrī: faber *craftsman*
prōcubuit: prōcumbere *fall*

49

Stage 15

claudicābat. rēx et puer lentē per turbam prōcēdēbant. rēx, postquam ad effigiem advēnit, vīnum lībāvit. tum sacerdōtēs, quī prope effigiem stābant, victimās ad rēgem dūxērunt. Cogidubnus victimās dīligenter īnspexit. victima, quam rēx ēlēgit, erat agnus niveus. rēx eum sacrificāvit.

'decōrum est nōbīs Claudium honōrāre', inquit.

sacerdōtēs quoque victimās cēterās sacrificāvērunt. tum decem prīncipēs Britannicī lectum in umerōs sustulērunt. effigiem ex ātriō portāvērunt. post prīncipēs vēnērunt sacerdōtēs, quī sollemniter cantābant.

in āreā erat rogus. prīncipēs, quī effigiem portābant, ad rogum cum magnā dignitāte processērunt. effigiem in rogum posuērunt. servus rēgī facem trādidit. tum rēx facem in rogum posuit. mox flammae rogum cōnsūmēbant. flammae, quae effigiem iam tangēbant, cēram liquābant. omnēs effigiem intentē spectābant. subitō aquila ex effigiē ēvolāvit. omnēs spectātōrēs plausērunt.

'ecce!' clāmāvit rēx. 'deī Claudium arcessunt. animus ad deōs ascendit.'

claudicābat: claudicāre *be lame, limp*
vīnum lībāvit *poured wine as an offering*
sacerdōtēs: sacerdōs *priest*
victimās: victima *victim*
agnus *lamb*
niveus *snow-white*
sacrificāvit: sacrificāre *sacrifice*
umerōs: umerus *shoulder*
sustulērunt: tollere *raise, lift up*
sollemniter cantābant *were chanting solemnly*

rogus *pyre*
cum magnā dignitāte *with great dignity*
facem: fax *torch*
tangēbant: tangere *touch*
liquābant: liquāre *melt*
aquila *eagle*
ēvolāvit: ēvolāre *fly out*
arcessunt: arcessere *summon, send for*
animus *soul, spirit*
ascendit: ascendere *climb, rise*

lūdī fūnebrēs

post caerimōniam rēx Cogidubnus pompam ad lītus dūxit. ibi
Britannī lūdōs fūnebrēs celebrāvērunt. aderant Rēgnēnsēs, Canticī,
et omnēs gentēs quae in amīcitiā cum Cogidubnō erant.
  competītōrēs diū inter sē certābant. Canticī laetissimī erant,
quod semper vincēbant. vir Canticus celerius quam cēterī cucurrit. 5
pugil Canticus, quī rōbustissimus erat, cēterōs pugilēs facile
superāvit.
  postrēmō erat certāmen nāvāle. nautae Canticī nāvem caeruleam

lūdī fūnebrēs *funeral games*
pompam: pompa *procession*
ad lītus *to the sea-shore*
gentēs: gēns *tribe*
amīcitiā: amīcitia *friendship*
competītōrēs: competītor *competitor*

certābant: certāre *compete*
vincēbant: vincere *be victorious, win*
celerius *faster*
certāmen nāvāle *boat-race*
caeruleam *blue*

51

Stage 15

were preparing   *yellow*   *chief*
parābant, nautae Rēgnēnsēs nāvem croceam. Dumnorix, prīnceps
Rēgnēnsis, quī nāvī croceae praeerat, gubernātor perītissimus erat. 10
Belimicus, prīnceps Canticus, nāvī caeruleae praeerat. homō
superbus et īnsolēns erat. nautae, postquam nāvēs parāvērunt,
signum intentē exspectābant. subitō tuba sonuit. nāvēs statim
prōsiluērunt; per undās ruēbant. rēmī undās vehementer
pulsābant. 15
    spectātōrēs, quī in lītore stābant, magnōs clāmōrēs sustulērunt.
Canticī clāmābant, 'nōs Belimicō favēmus! Belimicus vincere
potest! nautae nostrī sunt optimī!'
    Rēgnēnsēs tamen Dumnorigī favēbant:
    'nōs optimam nāvem habēmus! nōs optimum gubernātōrem 20
habēmus! gubernātor Canticus est stultior quam asinus!'
    procul in marī erat saxum ingēns. hoc saxum erat mēta. nāvēs ad
mētam ruēbant. nāvis Rēgnēnsis, quam Dumnorix dīrigēbat, iam
prior erat. ā tergō Belimicus, gubernātor Canticus, nautās suōs
vituperābat. 25
    Dumnorix, ubi saxō appropinquāvit, nāvem subitō ad dextram
vertit.
    'ecce!' inquit Dumnorix. 'perīculōsum est nōbīs prope saxum
nāvigāre, quod scopulus sub undīs latet. necesse est nōbīs scopulum
vītāre.' 30
    Belimicus tamen, quī scopulum ignōrābat, cursum rēctum
tenēbat.

croceam *yellow*
gubernātor *helmsman*
superbus *arrogant, proud*
prōsiluērunt: prōsilīre *leap forward*
undās: unda *wave*
rēmī: rēmus *oar*
in lītore *on the shore*
procul *far off*
in marī *in the sea*
saxum *rock*
mēta *turning-point*

dīrigēbat: dīrigere *steer*
prior *in front, first*
ā tergō *behind, in the rear*
ad dextram *to the right*
nāvigāre *sail*
scopulus *reef*
sub *under*
vītāre *avoid*
ignōrābat *did not know of*
cursum rēctum *a straight course*

52

Stage 15

'comitēs', clāmāvit, 'ecce! nōs vincere possumus, quod Dumnorix ad dextram abiit. hī Rēgnēnsēs sunt timidī; facile est nōbīs vincere, quod nōs sumus fortiōrēs.' 35
nautae Canticī Belimicō crēdēbant. mox nāvem Rēgnēnsem superāvērunt et priōrēs ad mētam advēnērunt. Belimicus, quī scopulum nōn vīdit, Dumnorigem dērīdēbat. subitō nāvis Cantica in scopulum incurrit. nautae perterritī clāmāvērunt; aqua nāvem complēbat. Belimicus et Canticī nihil facere poterant; nāvis mox 40
summersa erat.
intereā Dumnorix, quī cum summā cūrā nāvigābat, circum mētam nāvem dīrēxit. nāvis ad lītus incolumis pervēnit. multī spectātōrēs Dumnorigem victōrem laudāvērunt. Rēgnēnsēs laetī, Canticī miserī erant. tum omnēs ad mare oculōs vertēbant. difficile 45
erat eīs nautās vidēre, quod in undīs natābant. omnēs tamen Belimicum vidēre poterant, quod in summō saxō sedēbat. madidus ad saxum haerēbat et auxilium postulābat.

comitēs: comes *comrade, companion*
timidī: timidus *fearful, frightened*
dērīdēbat: dērīdēre *mock, jeer at*
incurrit: incurrere *run onto, collide*
summersa *sunk*
intereā *meanwhile*
cum summā cūrā *with the greatest care*
circum *around*
incolumis *safe*
oculōs: oculus *eye*
eīs *for them*
natābant: natāre *swim*
in summō saxō *on the top of the rock*
madidus *soaked through*
haerēbat: haerēre *cling*

53

Stage 15
About the language

1 Study the following pair of sentences:

ancilla urnam portābat.
The slave-girl was carrying the jug.

ancilla, **quae post Salvium ambulābat,** urnam portābat.
The slave-girl, **who was walking behind Salvius,** was carrying the jug.

The group of words in heavy print is known as a *relative clause.*

2 A relative clause is used to describe a noun. For example:

Vārica, **quī cum praecursōribus equitābat,** ad Salvium rediit.
Varica, **who was riding with the forerunners,** returned to Salvius.

prope iuvenēs erat plaustrum, **quod tōtam viam claudēbat.**
Near the young men was a wagon, **which was blocking the whole road.**

In the first example, the relative clause describes Varica; in the second, the relative clause describes the wagon.

3 Translate the following examples and pick out the relative clause in each sentence:

1 rēx, quī scēptrum tenēbat, in hortō sedēbat.
2 vīnum, quod Salvius bibēbat, erat optimum.
3 ancillae, quae dominum timēbant, ē vīllā festīnāvērunt.
4 Bregāns, quem Vārica quaerēbat, in horreō dormiēbat.
5 in viā erant multī Britannī, quī Rōmānōs impediēbant.
6 prope āram erat victima, quam rēx sacrificāvit.

In each example, find the noun which is being described by the relative clause.

54

Stage 15

Practising the language

1 Complete each sentence with the right word or words from the list below and then translate. You will have to use some words more than once.

sum, es, est, sumus, estis, sunt

1 vīlicus ..est.. anxius; nam Salvius ..est.. īrātus.
2 vōs agnum sacrificātis quod vōs ..estis.. sacerdōtēs.
3 prīncipēs in aulā ..sunt.. , ubi rēgem exspectant.
4 ego ..sum.. dominus; decōrum ..est.. mihi celeriter prōcēdere.
5 nōs nōn ..sumus.. ignāvī; in fundō dīligenter labōrāmus.
6 tū servōs īnspicis quod tū ..es.. vīlicus.

2 Complete each sentence with the right word and then translate.

1 parvus puer ..... ad effigiem dūxit. (Cogidubnum, Cogidubnō)
2 ubi sacerdōtēs erant parātī, servī vīnum ..rēgī.. dedērunt. (rēgem, rēgī)
3 Cogidubnus, quī prope effigiem stābat, ... ēlēgit. (victimam, victimae)
4 Dumnorix nāvem ..... ostendit. (amīcōs, amīcīs)
5 facile erat ..... Belimicum vidēre, quod ad saxum haerēbat. (spectātōrēs, spectātōribus)
6 post certāmen nāvāle, rēx ..nautīs.. ad aulam invītāvit. (nautās, nautīs)

55

Stage 15
About the language

1 In Unit I, you met the question-word 'num?' which is used to suggest that the answer to the question will be 'no'. Notice again the different ways of translating it:

num tū servus es?	Surely you're not a slave?
	You're not a slave, are you?
num fūr effūgit?	Surely the thief didn't escape?
	The thief didn't escape, did he?

2 In Unit IIA, you have met the question-word 'nōnne?' which is used to suggest that the answer will be 'yes'. Notice the different ways of translating it:

nōnne vīnum est dōnum optimum?	Surely wine is a very good present?
	Wine is a very good present, isn't it?
nōnne tū Rōmānus es?	Surely you are a Roman?
	You *are* a Roman, aren't you?
nōnne Cogidubnus in aulā habitat?	Surely Cogidubnus lives in a palace?
	Cogidubnus lives in a palace, doesn't he?

3 Further examples:

1 nōnne haec pictūra est pulchra?
2 num perterritus es?
3 num Bregāns labōrat?
4 nōnne Bregāns in culīnā dormit?
5 nōnne rēx tibi illum canem dedit?

Stage 15

Cogidubnus, king of the Regnenses

```
NEPTVNO·ET·MINERVAE
    TEMPLVM
PRO·SALVTE·DOMVS·DIVINAE
EX·AVCTORITATE·TI·CLAVD·
COGIDVBNI·REG·MAGNI·BRIT·
COLEGIVM·FABROR·ET·QVI·IN·EO·
SVNT·D·S·D·DONANTE·AREAM
  ENTE·PVDENTINI·FIL·
```

To Neptune and Minerva, for the welfare of the Divine House, by the authority of Tiberius Claudius Cogidubnus, great king of the Britons, the Guild of Smiths and those in it gave this temple from their own resources. . . .ens, son of Pudentinus, presented the forecourt.

A slab of stone inscribed with these Latin words was discovered in Chichester not far from the Sussex coast in 1723. When found, the slab was broken, but as soon as the pieces had been fitted together, it was clear that this was the dedication stone of a temple built at the request of Cogidubnus in honour of Neptune, god of the sea, and Minerva, goddess of wisdom and craftsmanship. The elegant lettering, carved in the style of the first century A.D., suggested the work of Roman craftsmen. Roman dedication stones are rather like the foundation stones which are laid nowadays when an important public building, such as a church, library or school, is being erected. They state the name of the person or group of people who gave the site and paid for the building. This particular temple was paid for by the local 'collēgium' or 'guild' of smiths.

The inscription also helps us to construct the life-story of Cogidubnus himself, although many details remain unknown. He was probably a member of the family that ruled the Atrebates. After

57

Stage 15

the Roman invasion in A.D. 43 the Romans appointed him king of this tribe, and the tribe was renamed the Regnenses. Cogidubnus was a faithful supporter of the Romans, and the kingship may have been a reward from the Emperor Claudius for helping them at the time of the invasion.

Cogidubnus was granted the privilege of Roman citizenship and allowed to add the Emperor's names to his own. He became a 'client king', which meant that he ruled on behalf of the emperor and that he was responsible for collecting taxes and keeping the peace in his part of Britain. In this way he played an important part in keeping the southern region loyal to Rome, while the legions advanced to conquer the tribes in the north.

By dedicating the new temple to Neptune and Minerva rather than British gods, Cogidubnus publicly declared his loyalty to Rome. The temple was a sign and reminder of Roman power. Its priests may well have been selected from the local British chieftains, many of whom were quick to see the advantages of supporting the new government. And when the inscription goes on to say that the temple was intended 'for the welfare of the Divine House', Cogidubnus is suggesting that the emperor himself is related to the gods and should be worshipped. The Romans encouraged the people of their empire to respect and worship the emperor in this way, because it helped to build up a sense of unity in a large empire that contained many tribes, many languages and religions.

The Regnenses received not only a new king, but also a new capital town, Noviomagus. It was founded near the Sussex coast, where Chichester now stands. Five kilometres (three miles) to the west is the modern village of Fishbourne, where the remains of a large Roman building were found in 1960 by a workman digging a trench for a new water main. During the eight years of excavation that followed, the archaeologists discovered that this was no ordinary country house. It was a palace as large and splendid as the fashionable houses in Rome itself, with one set of rooms after another, arranged round a huge courtyard. No inscription has been found to reveal the owner's name, but the palace was so large, so magnificent and so near to Noviomagus that Cogidubnus seems the likeliest person.

The palace, however, was not the first building erected on the site. Underneath it the remains of earlier wooden buildings were found, and these go back to the time of the Roman invasion or very shortly afterwards. One of them was a granary. Pieces of metal and a helmet were also found nearby. These discoveries indicate the presence of soldiers; they may have been soldiers of the Second Legion, commanded by Vespasian, a brilliant young general who led the attack against the Durotriges in the south-west. There was a harbour nearby, where Roman supply ships tied up. It is therefore likely that the Romans first used Fishbourne as a military port and depot where Vespasian assembled his troops.

In A.D. 69, Vespasian himself became emperor. A few years later, work began on the building of the Fishbourne palace. Perhaps Vespasian was remembering the loyalty of Cogidubnus and was now presenting him with the palace in return for his faithful support of the Romans.

Stage 15
Words and phrases checklist

agmen – column (of men), procession
alius – other, another
aqua – water
claudō, claudere, clausī – shut, block
commodus – convenient
dēbeō, dēbēre, dēbuī – owe, ought
effigiēs: effigiem – image, statue
equus – horse
etiam – even
fossa – ditch
frāctus – broken
honōrō, honōrāre, honōrāvī – honour
impediō, impedīre, impedīvī – delay, hinder
lectus – couch
lentē – slowly
lītus – sea-shore
miser – miserable, wretched
nauta – sailor
plaustrum – wagon, cart
praesum, praeesse, praefuī – be in charge of
prīnceps: prīncipem – chief, chieftain
prior – first, in front
quī – who
redeō, redīre, rediī – return, go back
sacerdōs: sacerdōtem – priest
saxum – rock
teneō, tenēre, tenuī – hold
unda – wave
victor: victōrem – winner
vincō, vincere, vīcī – win

Stage 16

in aulā

Cogidubnus Quīntum per aulam dūcēbat. in aulā erant multae pictūrae, quās pictor Graecus pīnxerat.

rēx iuvenem in hortum dūxit. in hortō erant multī flōrēs, quōs Cogidubnus ex Ītaliā importāverat.

tum ad ātrium vēnērunt. in mediō ātriō erat fōns marmoreus, quī aquam effundēbat.

Stage 16

rēx et hospitēs in aulā
cēnābant. cēna, quam
coquī Graecī parāverant,
optima erat. servī
magnum ōvum in
mēnsam posuērunt.

ex ōvō, quod servī in
mēnsam posuerant,
appāruit saltātrīx.

tum pūmiliōnēs, quōs rēx
in Ītaliā ēmerat,
intrāvērunt. pūmiliōnēs
pilās iactābant.

Belimicus ultor

Belimicus, prīnceps Canticus, postquam Dumnorix in certāmine nāvālī vīcit, rem graviter ferēbat. īrātissimus erat. omnēs hospitēs, quōs rēx ad aulam invītāverat, eum dērīdēbant. Canticī quoque eum dērīdēbant et vituperābant. etiam servī, quī dē naufragiō cognōverant, clam rīdēbant.

'iste Dumnorix mē dēcēpit', Belimicus sibi dīxit. 'mē in scopulum impulit et praemium iniūstē cēpit. decōrum est mihi eum pūnīre.'

Belimicus sēcum cōgitāvit et cōnsilium callidum cēpit. erant in aulā multae bēstiae, quās rēx ē multīs terrīs importāverat. inter hās bēstiās erat ursa ingēns, quam servus Germānicus custōdiēbat. Belimicus ad hunc servum adiit.

'hoc animal est magnificum', inquit. 'mē valdē dēlectat. ursam tractāre volō; eam nōn timeō.'

itaque prīnceps ad ursam cotīdiē veniēbat; ursae cibum et aquam dabat. paulātim ursam mānsuētam fēcit. tandem sōlus ursam tractāre potuit.

mox Cogidubnus cēnam et spectāculum nūntiāvit. amīcōs ad aulam invītāvit. Belimicus statim ad servum Germānicum contendit, et eī dīxit,

'rēx hodiē spectāculum dat. hodiē hanc ursam in aulam dūcere volō. nunc eam tractāre possum. hospitibus eam ostendere volō.'

servus invītus cōnsēnsit. Belimicus cachinnāns sibi dīxit,

'parātus sum. nunc Dumnorigem pūnīre possum.'

ultor *avenger*
graviter ferēbat *took badly*
dē naufragiō *about the shipwreck*
cognōverant: cognōscere *find out, get to know*
clam *secretly, in private*
impulit: impellere *push, force*
praemium *prize*

iniūstē *unfairly*
sēcum *to himself*
ursa *bear*
Germānicus *German*
adiit: adīre *approach, go up to*
tractāre *handle*
paulātim *gradually*
mānsuētam *tame*

Stage 16

Mosaic floor from the palace of Fishbourne

rēx spectāculum dat

rēx cum multīs hospitibus in aulā cēnābat. Salvius et Quīntus prope rēgem recumbēbant. Britannī cibum laudābant, Rōmānī vīnum. omnēs hospitēs rēgī grātiās agēbant.
   subitō Belimicus tardus intrāvit.
   'ecce! naufragus noster intrat', clāmāvit Dumnorix. 'num tū aliam nāvem āmīsistī?'
   cēterī Belimicum dērīsērunt et Dumnorigī plausērunt. Belimicus tamen Dumnorigī nihil respondit, sed tacitus cōnsēdit.
   rēx hospitibus suīs spectāculum nūntiāvit. statim pūmiliōnēs cum saltātrīcibus intrāvērunt et hospitēs dēlectāvērunt. deinde, ubi rēx eīs signum dedit, omnēs exiērunt. Salvius, quem pūmiliōnēs nōn dēlectāverant, clāmāvit,
   'haec cēna est bona. numquam cēnam meliōrem cōnsūmpsī. sed ursam, quae saltat, vidēre volō. illa ursa mē multō magis dēlectat quam pūmiliōnēs et saltātrīcēs.'
   rēx servīs signum dedit. servus Germānicus, quī hoc signum exspectābat, statim cum ursā intrāvit et hospitibus eam ostendit.
   Belimicus, simulatque hoc vīdit, surrēxit, et ad medium triclīnium prōcessit.
   'mī Dumnorix!' clāmāvit. 'facile est tibi iocōs facere. sed ursam tractāre nōn audēs! ego nōn timeō. ego, quem tū dērīdēs, ursam tractāre audeō.'
   omnēs Belimicum spectābant attonitī. Belimicus, quī servum iam dīmīserat, ursam ad Dumnorigem dūxit.
   'nōnne tū quoque ursam tractāre vīs?' rogāvit īnsolēns. 'nōnne tū hospitibus spectāculum dare vīs?'
   Dumnorix impavidus statim surrēxit et Belimicum dērīsit,
   'facile est mihi hanc ursam superāre. tē quoque, homuncule, superāre possum.'
   tum cēterī, quī anteā timuerant, valdē cachinnāvērunt. Belimicus, ubi cachinnōs audīvit, furēns ursam pulsāvit, et eam ad Dumnorigem impulit. subitō ursa saeva sē vertit, et Belimicum

Stage 16

ferōciter percussit. tum principēs perterritī clāmōrem magnum
sustulērunt et ad iānuās quam celerrimē cucurrērunt. etiam inter sē
pugnābant, quod exīre nōn poterant. ursa, quam hic clāmor 35
terruerat, ad lectum cucurrit, ubi rēx sedēbat.
    rēx tamen, quod claudicābat, effugere nōn poterat. Dumnorix in
ursam frūstrā sē coniēcit. Salvius immōtus stābat. sed Quīntus
hastam, quam servus Germānicus tenēbat, rapuit. hastam celeriter
ēmīsit et bēstiam saevam trānsfīxit. illa dēcidit mortua. 40

tardus *late*
naufragus *shipwrecked sailor*
tacitus *silent, in silence*
cōnsēdit: cōnsīdere *sit down*
pūmiliōnēs: pūmiliō *dwarf*
cum saltātrīcibus *with dancing-girls*
saltat: saltāre *dance*
multō magis *much more*
iocōs: iocus *joke*
audēs: audēre *dare*

homuncule: homunculus *little man*
cachinnāvērunt : cachinnāre *roar with laughter*
cachinnōs: cachinnus *laughter*
furēns *furious, in a rage*
saeva *savage*
sē vertit: sē vertere *turn round*
coniēcit: conicere *hurl, throw*
immōtus *still, motionless*
hastam: hasta *spear*

Bronze model of a bear

Quīntus dē sē

postrīdiē Quīntus per hortum cum rēge ambulābat, flōrēsque variōs spectābat. deinde rēx eum rogāvit,
'quō modō ex urbe Pompēiīs effūgistī? paterne et māter superfuērunt?'
'periit pater', inquit Quīntus trīstis. 'māter quoque in urbe periit. 5
ego et ūnus servus superfuimus. ad urbem Neāpolim vix effūgimus. ibi servum, quī tam fortis et tam fidēlis fuerat, līberāvī.'
'quid deinde fēcistī?' inquit rēx. 'pecūniam habēbās?'
'omnēs vīllās, quās pater in Campāniā possēderat, vēndidī. ita multam pecūniam comparāvī. tum ex Ītaliā discēdere voluī, quod 10
trīstissimus eram. ego igitur et lībertus meus nāvem cōnscendimus. prīmō ad Graeciam vēnimus et in urbe Athēnīs paulisper habitābāmus. haec urbs erat pulcherrima, sed cīvēs turbulentī. multī philosophī, quī forum cotīdiē frequentābant, contrōversiās inter sē habēbant. 15
post paucōs mēnsēs, aliās urbēs vidēre voluimus. ad Aegyptum igitur nāvigāvimus, et mox ad urbem Alexandrīam advēnimus.'

variōs: varius *different*
quō modō *how*
superfuērunt: superesse *survive*
Neāpolim: Neāpolis *Naples*
vix *with difficulty*
tam *so*
fuerat *had been*
possēderat: possidēre *possess*
comparāvī: comparāre *obtain*
cōnscendimus: cōnscendere *embark on, go on board*
prīmō *first*
Athēnīs: Athēnae *Athens*
frequentābant: frequentāre *crowd*
mēnsēs: mēnsis *month*
Aegyptum: Aegyptus *Egypt*

Stage 16

1 Where did the king have this conversation with Quintus? Garden
2 Who escaped with Quintus to Naples? A slave
3 How did Quintus raise money after the eruption of Vesuvius? sold
4 Why did he want to leave Italy?
5 Where did he go first? What did he see in the forum there?
6 Where did he go next? How did he travel? Was the journey long or short?

Part of the palace garden at Fishbourne, looking east (see plan on p.75)

Stage 18

About the language

1 In this Stage, you have met examples of the *pluperfect* tense. They looked like this:

in aulā erat ursa ingēns, quam rēx in Ītaliā **ēmerat**.
In the palace was a huge bear, which the king had bought in Italy.

hospitēs, quī ad caerimōniam **vēnerant**, plausērunt.
The guests who had come to the ceremony applauded.

2 The complete pluperfect tense is as follows:

portāveram	I had carried
portāverās	you (singular) had carried
portāverat	he had carried
portāverāmus	we had carried
portāverātis	you (plural) had carried
portāverant	they had carried

3 Further examples:

1 Rūfilla ancillās, quae cubiculum parāverant, laudāvit.
2 in ātriō sedēbant hospitēs, quōs rēx ad aulam invītāverat.
3 nōs fessī erāmus, quod per tōtum diem labōrāverāmus.
4 Belimicus, quī nāvem āmīserat, īrātissimus erat.
5 Salvius mē pūnīvit, quod ē vīllā fūgeram.

4 Study the differences between the present, perfect and pluperfect tenses:

present	*perfect*	*pluperfect*
portat	portāvit	portāverat
he carries	he carried	he had carried
audiunt	audīvērunt	audīverant
they hear	they heard	they had heard
dīcit	dīxit	dīxerat
scrībit	scrīpsit	scrīpserat
ambulant	ambulāvērunt	ambulāverant
docent	docuērunt	docuerant

Stage 16

Model of the palace of Fishbourne

Practising the language

1 Complete each sentence of this exercise with the right word from those given below, and then translate. You will have to use some words more than once.

nominative   Rōmānī   Britannī
dative   Rōmānīs   Britannīs

1 Rōmānī et Britannī ad aulam vēnerant. Cogidubnus Rōmānīs et Britannīs cēnam splendidam dabat.
2 rēx Rōmānīs favēbat. multī Rōmānī prope rēgem sedēbant. rēx Rōmānīs. vīnum optimum obtulit.
3 rēx Britannīs nōn favēbat. Cogidubnus Britannīs vīnum pessimum obtulit.
4 multī Britannī erant īrātī. mox Britannī et Rōmānī inter sē pugnābant.

obtulit: offerre *offer*

71

2 Translate into English:

Cogidubnus et Vespasiānus

Cogidubnus Quīntō dē vītā suā nārrābat:
'ubi Rōmānī in Britanniam invāsērunt, Claudius legiōnem secundam contrā Durotrigēs mīsit. Vespasiānus, quī hanc legiōnem dūcēbat, ad mē vēnit et auxilium rogāvit. ego Vespasiānō auxilium dedī. Rōmānīs frūmentum comparāvī. Rōmānīs explōrātōrēs dedī. 5
hī explōrātōrēs Rōmānōs celeriter dūxērunt ad regiōnem, ubi Durotrigēs habitābant. Durotrigēs diū resistēbant sed Rōmānī tandem victōrēs erant. Vespasiānus ad mē ita scrīpsit:
"Durotrigēs fortiter pugnāvērunt, sed nōs eōs tandem superāvimus. multōs Durotrigēs necāvimus; multās fēminās 10 līberōsque cēpimus; multōs vīcōs incendimus. nōs Rōmānī fortiōrēs erāmus quam barbarī. facile erat nōbīs eōs superāre."
post multōs annōs Rōmānī Vespasiānum imperātōrem fēcērunt. Vespasiānus, quī mihi amīcus fidēlissimus erat, mē honōrāvit. hanc epistulam ad mē mīsit: 15
"tē honōrāre volō, quod mihi auxilium ōlim dedistī. decōrum est tibi in aulā habitāre. architectum igitur ex Graeciā arcessīvī, et fabrōs Ītalicōs comparāvī. eōs ad tē mīsī."
architectus et fabrī, quōs Vespasiānus mīsit, callidissimī erant. dīligenter labōrāvērunt et hanc aulam aedificāvērunt. ita 20 Vespasiānus mihi benignitātem summam ostendit.'

invāsērunt: invādere *invade*
legiōnem: legiō *legion*
contrā *against*
explōrātōrēs: explōrātor *scout, spy*
regiōnem: regiō *region*
cēpimus: capere *take, capture*

vīcōs: vīcus *village*
incendimus: incendere *burn, set fire to*
annōs: annus *year*
Ītalicōs: Ītalicus *Italian*
benignitātem: benignitās *kindness*

About the language

1 In Stage 13, you met several sentences containing the *infinitive* of the verb. For example:

Salvius fundum **īnspicere** vult.	Salvius wants to inspect the farm.
geminī **labōrāre** nōn possunt.	The twins aren't able to work.
	or The twins can't work.

2 You have now met several other examples of sentences containing infinitives:

facile est nōbīs effigiem **portāre**.	It is easy for us to carry the image.
commodum est mihi hīc **manēre**.	It is convenient for me to remain here.
ad aulam **revenīre** dēbeō.	I ought to return to the palace.
	or I must return to the palace.

3 Further examples:

1 difficile est Cogidubnō festīnāre, quod senex est.
2 spectāculum vidēre nōlumus.
3 necesse est nōbīs fugere.
4 pecūniam reddere dēbēs.
5 Salvius est dominus; decōrum est Salviō servōs pūnīre.
6 perīculōsum est tibi in aulā manēre.
7 victimam sacrificāre vīs?
8 vōs pugnāre nōn audētis!

The palace at Fishbourne

When the Roman soldiers moved on from Fishbourne, they left behind them a few buildings, some roads and a harbour. During the next thirty years many improvements were made. The roads were resurfaced, the drainage improved (it was a low-lying, rather marshy site) and the harbour developed. Merchant ships called regularly. A guest house was begun and a fine new villa with a set of baths was built in the late sixties. This could have been a residence built by Cogidubnus for himself on the outskirts of his new capital town.

But in about A.D. 75 everything changed. A vast area was cleared and levelled, and the villa and baths became part of the south-east corner of a huge new building. It was laid out in four long wings around a central garden. The entrance hall was situated in the middle of the east wing, and in the centre of the west wing stood the audience chamber where the king received his subjects and interviewed officials.

Specialist craftsmen were brought in from Italy: makers of mosaics, marble-workers, plasterers to make stucco friezes, painters, carpenters, iron-smiths, hydraulic engineers to construct the fountains and many others. Most of the floors were covered with mosaics, mainly geometric patterns in black and white (see the example on page 65). The walls were painted, like the walls of houses in Pompeii, with richly coloured garden scenes and architectural designs. Some walls were even lined with marble. Many traces of the activity of the craftsmen have been found. The floor of the area used by the stonemasons was littered with fragments of marble and coloured stone which had been imported from quarries in Italy, the Greek island of Scyros, Asia Minor and elsewhere. In another area were signs of iron-working where the smiths had manufactured door-hinges, handles and bolts. The craftsmen and the materials were brought in from outside, but all the construction and detailed manufacture was carried out on the site itself, where the builders lived and worked for many years.

The open area, which measured approximately 90 by 70 metres (100 by 80 yards), was laid out as a garden. A broad path, 12 metres (40 feet) wide and surfaced with chippings, ran through the middle of it, leading from the entrance hall to the audience chamber. On either side of the path were lawns, not rolled and mown like a modern lawn, but nevertheless with the grass kept short and tidy. Paths ran round the outside of the lawns, and along the edges of the paths were beds for shrubs and flowers. The gardeners cut deep bedding trenches in the soil, and filled them with a mixture of loam and crushed chalk.

A line of holes across the eastern side of the garden shows where wooden poles stood to support a trellis for climbing plants. These may have been rambler roses: the Romans were fond of roses and good at growing them. The writer Pliny the Elder advised his

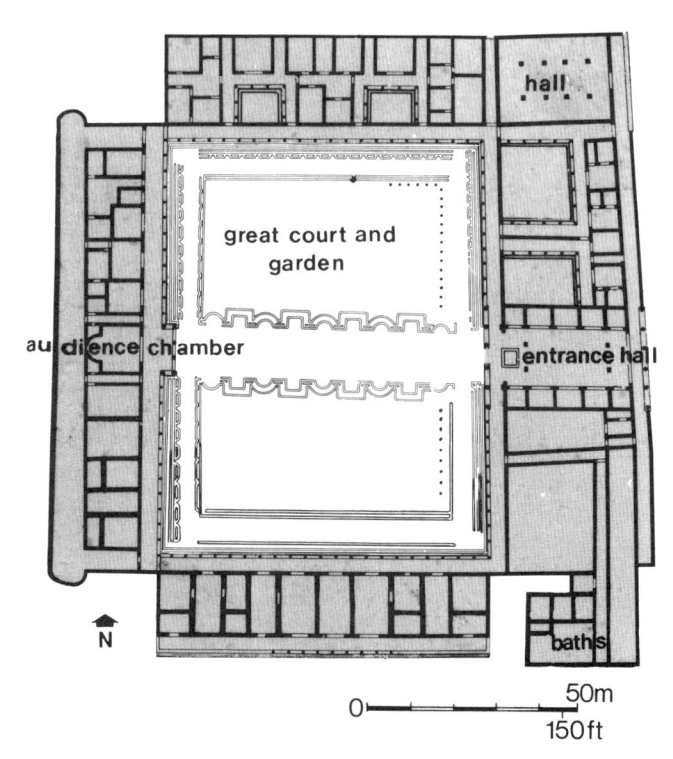

Ground plan of the palace

Stage 16

readers to manure rose-bushes with kitchen rubbish and to see that the roots were embedded in it.

A system of underground pipes brought water to the fountains which stood at intervals along the paths. Small marble and bronze statues were placed here and there to provide further decoration. So the garden, like the palace, was planned, laid out and decorated in the most fashionable Italian style. Whether the owner was Cogidubnus or somebody else, he wished his palace in Britain to be as Roman as possible.

Words and phrases checklist

aedificō, aedificāre, aedificāvī – build
auxilium – help
bonus – good
cōnsentiō, cōnsentīre, cōnsēnsī – agree
cōnsilium – plan, idea
deinde – then
dēlectō, dēlectāre, dēlectāvī – delight
dērīdeō, dērīdēre, dērīsī – mock, jeer at
dīmittō, dīmittere, dīmīsī – send away, dismiss
effugiō, effugere, effūgī – escape
faber – craftsman
flōs: flōrem – flower
frūmentum – grain
imperātor: imperātōrem – emperor
inter – among
ita – in this way

melior – better
nāvigō, nāvigāre, nāvigāvī – sail
nōnne? – surely?
parātus – ready, prepared
pereō, perīre, periī – die, perish
pōnō, pōnere, posuī – place, put
postrīdiē – on the next day
pūniō, pūnīre, pūnīvī – punish
saltō, saltāre, saltāvī – dance
simulac, simulatque – as soon as
summus – highest, greatest, top
supersum, superesse, superfuī – survive
tollō, tollere, sustulī – raise, lift up
vertō, vertere, vertī – turn